À l'intérieur, ça sentait le pop-corn et on entendait des acclamations. La magie du hockey était partout.

Papa dit que le joueur avec le plus de l'équipement est le gardien de but. Son travail est de protéger son filet de la rondelle.

Il y a beaucoup de blessures au hockey. Tomber sur d'autres joueurs ou trébucher sur des bâtons.

C'est pourquoi les joueurs doivent porter un équipement de protection, comme un casque, lorsqu'ils jouent. Sinon, ils se blesseraient gravement.

Coque externe

Protections faciales

Sangle jugulaire

Rembourrage intérieur

7

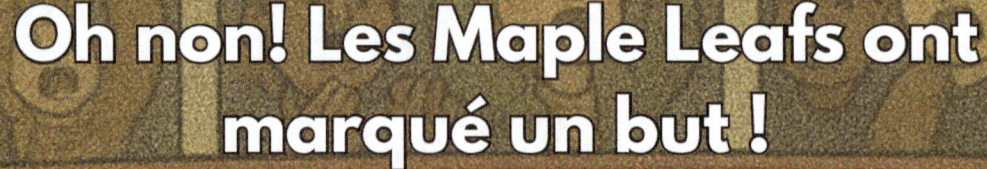

Oh non ! Les Maple Leafs ont marqué un but !

Entre les 3 périodes, il y a des petits pause avec des emission sur la grande télé au-dessus de la glace. Les dessins animés sont drôles.

Les équipes se sont félicitées après le match et se sont serré la main.

12

Tous mes amis sont des bons joueurs. Nous jouons au hockey tous les jours pendant les vacances d'hiver. J'aime le hockey. Je suis content d'être allé au match de hockey avec mon père.

www.ingramcontent.com/pod-product-compliance
Lightning Source LLC
Chambersburg PA
CBHW060539010526
44119CB00052B/760